7
LK 1205.

NOTICE

SUR LES

VITRAUX D'EGLISE

QUI REPRÉSENTENT

A BORDEAUX

L'IMMACULÉE CONCEPTION.

SE VEND au profit de l'Orphelinat Catholique
de Sainte-Foy-la-Grande.

BORDEAUX.

Imprimerie A-R. Chaynes, cours d'Aquitaine, 87

1862

Cette notice n'est que la reproduction de quatre articles insérés dans *le Messager Catholique* de Bordeaux, sous le titre d'*Iconographie locale de l'Immaculée Conception*. — Bien qu'elle n'offre qu'un intérêt assez restreint par la nature même de sa spécialité, on a pensé qu'elle pourrait contribuer à une œuvre qui nous est justement chère : la création d'un orphelinat à Sainte-Foy-la-Grande. C'est faire à ces humbles pages un honneur peu mérité, et la prudence nous conseillerait de le décliner, si nous n'avions l'espoir qu'elles ne seront pas inutiles aux pauvres enfants abandonnés de notre ancienne paroisse. L'Écriture Sainte nous servirait encore, au besoin, de justification, puisque c'est au prêtre qu'il est dit, après Dieu : *Tu seras le père et le protecteur de l'orphelin.*

L'abbé CORBIN,
A. Curé de Saint-Avit.

Bordeaux, 8 décembre 1861.

NOTICE

SUR LES VITRAUX D'ÉGLISE QUI REPRÉSENTENT

A BORDEAUX

L'IMMACULÉE CONCEPTION.

—⋄⋅⋄—

Comment le privilège originel de Marie a-t-il été représenté, par la peinture sur verre, dans nos églises et chapelles de Bordeaux ? Y aurait-il lieu de signaler à nos artistes, d'ailleurs si estimables, en quoi leur œuvre pourrait être perfectionnée ? Telle est la double question que nous allons tâcher de résoudre au point de vue de l'esprit chrétien.

Nous n'avons pas, en effet, à nous préoccuper ici de l'exécution matérielle ; par exemple, de la richesse du coloris, de la chaleur des tons, du modelé des figures, etc. Pour nous, un vitrail est beaucoup plus qu'une simple décoration d'église et qu'un prisme adouci des rayons solaires. C'est une prédication visuelle, ou, si l'on préfère, une exposition de la doctrine catholique dans des pages étincelantes. Le moyen-âge désignait les verrières sous le nom de *livre des laïques*. Un catéchisme du siècle dernier en recommandait la pieuse considération pendant les offices, comme un puissant moyen d'édification. Tout récemment encore, Son Ém. le Cardinal Donnet, si bon juge en cette matière, développait la même idée dans un discours reproduit par la *Guienne* du 1ᵉʳ novembre. C'est donc une obligation pour le prêtre de contribuer à l'orthodoxie des vitraux religieux.

Sans doute, des peintres-verriers doivent posséder, dans une certaine mesure, les enseignements de la science sacrée, et notamment un précis d'Écriture sainte, de liturgie et de théologie, auquel nous ajouterions les meilleures traditions légendaires. Ils ne puiseront qu'à ces pures sources l'esthétique de l'art, l'exactitude irréprochable de leurs tableaux. Hors delà, on tombe dans *le genre fantaisiste,* le pire de tous, puisque c'est une sorte de vandalisme. Mais nous comprenons qu'absorbés par mille travaux divers, ils n'aient pas toujours le temps de prendre de ces notions une somme suffisante, pour en charger leur palette. Aussi nous pardonneront-ils d'y suppléer et de leur épargner la peine de quelques recherches, à l'aide de franches observations. Leurs vitraux nous en fourniront le thème sans sortir de notre cité. Le désir qu'ont nos artistes de les rendre vraiment dignes de leur haute destination, nous est un sûr garant qu'elles seront bien accueillies. Tous les hommes de cœur devraient se tendre une main amie, quand il s'agit de concourir à la gloire de la maison de Dieu ; et si l'impartialité de notre critique est parfois sévère, du moins n'aura-t-elle rien qui ressemble à de la coterie.

Sans autre préambule, abordons notre humble tâche, et commençons par l'examen d'une composition magistrale de M. Villiet. A tout seigneur, tout honneur. Du reste, notre éminent peintre-verrier, dont le pinceau *a illustré* les chapelles de la Vierge à la Primatiale, à Saint-Seurin et Sainte-Eulalie, se recommande par de flatteurs suffrages : Son Éminence l'a honoré, le 10 avril 1857, d'une lettre laudative très-remarquable, et l'Académie impériale de Bordeaux l'a reçu membre résident, le 15 décembre 1859.

I.

Le grand travail, quoiqu'il soit encore incomplet, de M. Villiet, sur l'Immaculée Conception de Marie, occupe trois des fenêtres absidales de la chapelle Saint-Jacques. — Les RR. PP. de la Miséricorde et l'artiste ont compris qu'un pareil sujet ne peut guère se traiter convenablement, comme une représentation isolée, dans un seul vitrail. La raison en est simple : ce mystère est à la fois historique, légendaire et symbolique, si on le considère dans ses rapports avec l'art chrétien. Or, l'emploi de ces trois éléments exige celui de plusieurs baies ou fenêtres. Alors on dispose au centre le thème principal de l'Immaculée Conception, ou son icone symbolique, et, des deux côtés, les accessoires historiques et légendaires. C'est ce qu'a fait M. Villiet.

Chacune de ses fenêtres collatérales est remplie par neuf médaillons, qui sont, d'une part, *les antécédents* du privilège de Marie, ou la chute originelle ; de l'autre, *ses conséquences* immédiates, ou la maternité divine. Ainsi, faits génésiaques ; faits évangéliques, tel est l'encadrement de l'Immaculée Conception, laquelle semble surgir entre l'ancien et le nouveau Testament. On ne peut qu'admirer une aussi parfaite intelligence de ce mystère.

Mais pourquoi les médaillons ne sont-ils pas répartis selon l'ordre liturgique ? Tandis que le spectateur devrait avoir à sa droite les sujets tirés de la Genèse, et ceux de l'Évangile à sa gauche, c'est tout le contraire qui existe.

Évidemment, la confusion ne saurait provenir d'une erreur de l'artiste. Il n'ignorait pas que la droite et la gauche du sanctuaire sont déterminées, non par la position du spectateur, mais par celle du principal personnage de la maison de Dieu, je veux dire le crucifix du maître-autel, tourné vers le peuple. C'est à droite, en effet, que se lit l'Évangile et que l'Évêque a son trône, parce que c'est la place d'honneur. Les ministres inférieurs ont leur siège à gauche, où se lit l'Épître, ordinairement tirée de l'ancien Testament. Les fidèles peuvent en voir un exemple dans la lecture des prophéties, la veille de Pâques, de Pentecôte, pour les Quatre-Temps, etc.

Mais, pour particulariser davantage cette observation, n'est-il pas étrange que l'épître du commun des messes de la Vierge : *ab initio et ante sæcula creata sum,* et les autres figures *écrites* de l'ancien Testament ne correspondent, dans notre verrière, qu'à des images *peintes* des faits évangéliques ? Sera-t-il plus rationnel que la lecture de l'évangile : *Peperit filium suum primogenitum,* n'ait pour tableau corrélatif que des scènes de la Genèse ?

Enfin, est-il convenable que la Vierge ait, en iconographie, le premier Adam à sa droite, le nouvel Adam à sa gauche ? Il suffit de poser la question pour la résoudre.

Or, il ne se peut que M. Villiet ne l'ait envisagée comme nous. Si donc le placement de ses médaillons accuse une divergence, c'est qu'il a dû céder à des circonstances locales, indépendantes de sa volonté.

C'est d'autant plus probable que les vitraux-modèles du moyen-âge nous montrent l'ordre historique en parfaite harmonie avec l'ordre liturgique. Par exemple, ceux de Bourges qui datent du XIII⁰ siècle, car il y en a de postérieurs dans la même cathédrale, nous offrent à gauche du spectateur, et, par conséquent, à droite du maître-autel, le grand sujet de la *Nouvelle Alliance*. Au centre est le divin crucifié, la tête penchée à droite vers l'Église, son épouse ; tandis qu'à sa gauche est la synagogue ou l'ancien Testament. On peut lire, pour de plus amples détails, les *Études archéologiques* de M. l'abbé Pardiac, t. II, ch. II, § I.

Quoique nous n'attachions pas à cette anomalie une importance exagérée, il nous a paru bon de la signaler. Tout se lie dans les rites et les traditions de la sainte Église, mais aussi tout le monde ne peut que gagner à respecter cet admirable enchaînement.

Après cette vue d'ensemble, passons à un examen de détail.

Le premier vitrail historique se compose de neuf médaillons relatifs à la chute originelle, et formant trois étages superposés, de bas en haut. En voici l'ordre et le sujet :

1. Dieu, sous la figure d'un vieillard, intime sa défense à Adam et Eve ; 2. Ils succombent à la tentation ; 3. Dieu les expulse du Paradis ;

4. Abel offre un sacrifice au Seigneur ; 5. Caïn tue son frère ; 6. Supplications d'Adam et d'Eve ;

7. Ils sont condamnés à travailler la terre ; 8. Dieu, qui prononce la sentence, maudit en même temps le serpent et promet la mère du Christ ; 9. Celle-ci apparaît dans un nuage.

Le réseau du tympan n'est rempli que par des entrelacs de fleurs et de phylactères se rapportant aux litanies de la Vierge.

Ces médaillons, très-bien dessinés, sont également riches de coloris. Les feuilles et les fruits, qui tapissent les deux premiers, dissimulent gracieusement l'état *naturel* d'innocence dans lequel Dieu créa l'homme. — Le troisième nous le montre, ainsi que sa compagne, avec une ceinture de peaux de bêtes, et de suite après, avec des étoffes tissées ! La Genèse dit qu'ils étaient ceints de plusieurs feuilles de figuier cousues ensemble. Là où le texte biblique est formel, le choix du vêtement n'est pas laissé à l'imagination de l'artiste ; mais nous avouons qu'il est, de nos jours, plus difficile qu'au moyen-âge, de représenter Adam et Eve dans le Paradis. — En outre, le 3ᵐᵉ médaillon ne devrait venir, chronologiquement, qu'après ceux de l'étage supérieur ; c'est-à-dire après la sentence, l'expulsion.

Même remarque pour les médaillons du milieu. La naissance de Caïn et d'Abel, le sacrifice de celui-ci, le meurtre de celui-là, n'eurent lieu qu'après la promesse d'une co-rédemptrice, sujet du 9ᵉ médaillon. M. Villiet est trop lettré pour ignorer cette succession de faits. Si donc il a interverti cet ordre, c'est évidemment qu'il a voulu rapprocher la Vierge promise, de son Immaculée Conception ; de telle sorte qu'il y eût trait-d'union entre la promesse et son accomplissement. Dès-lors l'artiste a cru pouvoir anticiper, en nous offrant, dans une parenthèse ingénieuse, les premières conséquences du péché originel. Était-ce une raison suffisante pour se permettre cette licence ? Je n'ose le dire, mais c'est du moins une circonstance atténuante.

Ces réserves faites, nous ne pouvons qu'exprimer les plus sincères félicitations à M. Villiet pour la première partie de son travail. Si l'on trouvait nos remarques poussées à l'excès, nous rappellerions qu'il s'agit de la révérence due à l'Écriture sainte et à la maison de Dieu.

II.

La fenêtre centrale de l'abside est le grand sujet lui-même de l'Immaculée-Conception, ou plutôt la glorification de ce mystère, que les artistes, comme le peuple, confondent ordinairement avec l'icone de la Vierge immaculée. Cependant nous avons vu cette distinction établie dans une Revue romaine qui fait autorité. Ce sont les *Analecta juris pontificii*, 22ᵉ livraison. Elle peint sous ces traits le type du mystère proprement dit : « Il faut représenter la Sainte-Vierge en bas-âge, et non à l'âge de dix ou douze ans. — Les vêtements sont laissés à l'imagination de l'artiste ; car la Vierge, dans le premier instant de sa Conception, était vêtue de la grâce et des dons célestes, et non de vêtements corporels. On peut donc prendre une belle tunique blanche, semée de fleurs d'or, et couverte d'un riche manteau bleu. C'est la forme sous laquelle la Sainte-Vierge apparut, dit-on, à la vénérable Béatrix de Sylva, fondatrice de l'Ordre de l'Immaculée Conception, qui fut approuvé par le Pape Jules II (1503-1513). »

Cet icone de la Vierge en bas-âge est conforme à la manière dont le XIIIᵉ siècle symbolisait l'âme humaine, c'est-à-dire sous les traits d'un enfant. Les beaux vitraux de cette époque nous en fournissent des exemples. Ainsi, n'est-ce pas rare de voir Notre-Seigneur assistant sa mère au lit de mort, et recevant son âme sous la forme d'un enfant qu'il porte sur le bras gauche, comme sa mère l'avait porté dans ses premières années. Est-il **rien de plus touchant que cette réciprocité de soins ?**

Son Ém. le cardinal archevêque de Malines veut, au contraire, qu'on représente la Vierge immaculée dans la maturité de l'âge pour lui concilier plus de vénération. (*Revue de Louvain*, 1855, 12ᵉ livr.).

Mais l'icone généralement adopté tient le milieu entre ces deux extrêmes. Comme il symbolise le privilège de Marie sous la figure et le nom d'une vierge toujours pure, même dès le premier instant de son animation, ce qui n'est arrivé qu'à la mère du Christ, il importe d'y harmonier ce double reflet de l'innocence originelle et de l'innocence plus méritoire dans la floraison de la liberté morale. Or, cet âge est pour toute vierge celui de l'adolescence. Il ne le fut pas moins pour Marie qui mérita par cette liberté, comme Adam et Eve auraient pu le faire dans le Paradis. (S. Bonav. *Medit. vitæ Christi*, *III*). En donnant cet âge à Marie dans le mystère qui nous occupe, on conservera en iconographie, comme dans le langage populaire, une distinction entre ces deux sujets : *Vierge-immaculée* et *vierge-mère.*

Du reste, il y a trois siècles que cette règle a été tracée par le cardinal Fréd. Borromée *(de picturâ sacrâ, lib. II)*. Il se demande « Comment doit-on peindre l'Immaculée-Conception ? » et voici la réponse : « Sous l'apparence d'une jeune fille, modestement voilée, tout environnée de splendeur et de groupes d'anges divers. Puis nous disposerions les ombres de telle sorte que toutes ces figures paraîtraient ne recevoir que du ciel les flots de lumière qui les baigneraient. »

Nous citons ces graves autorités, parce que l'œuvre de M. Villiet s'en est heureusement inspirée.

Pour la même raison, nous dirons un mot des célèbres Conceptions de Murillo (1618-1682). Il a réalisé sur toile, avec un bonheur inexprimable, le type décrit par l'illustre cousin et successeur de S. Charles Borromée. Mais il nous semble avoir commis une erreur que reproduit un vitrail récent de M. L., à Bordeaux, et que nous croyons devoir signaler : sa Vierge est en cheveux ou dévoilée. Or, ce n'est conforme ni aux traditions apostoliques, ni à celles des peintres-verriers du moyen-âge. Nous pourrions en apporter une foule de preuves. Bornons-nous à indiquer les recommandations de Saint Paul et de Saint Lin, premier successeur de Saint Pierre, aux femmes chrétiennes de leur temps (1 ad. Cor. XI. — Brev. rom. 23 sept.). *Le dévoilement* n'a pris naissance qu'au XVIe siècle.

D'ailleurs, l'icone donné par Pie IX aux évêques, le 8 décembre 1854, fixe la règle à cet égard.

M. Villiet a su éviter la faute où est tombé son collègue, et l'impartialité nous oblige à le constater.

Enfin, il est un autre type qu'il a eu le bon esprit de ne pas imiter, quoique ce type ait, depuis trente ans, tapissé les vitrines de tous nos imagiers : nous voulons parler de celui de la médaille dite *miraculeuse*. Malgré toute la dévotion *privée* dont elle peut être l'objet, la Sainte Congrégation des Rites a défendu, par décret du 27 août 1836, de l'exposer à la vénération *publique* des fidèles, parce que, dit-elle, la vision qu'en aurait eue à Paris, en 1830, une novice des Sœurs de la Charité, *n'est pas suffisamment prouvée*, et qu'on doit représenter la Vierge selon la coutume traditionnelle, *juxtà veterem morem*, c'est-à-dire sans rayons qui jaillissent de ses mains, symbole des grâces qu'elle épanchera plus tard, mais non au jour de sa création.

En effet, Marie n'est devenue la distributrice des grâces du Christ, qu'en devenant sa mère ; d'où ce rapprochement significatif, dans ses litanies : *Mater christi, Mater divinæ gratiæ*. Au jour de sa Conception immaculée, Marie fut, au contraire, toute saisie et environnée par la grâce, dont les rayons doivent converger vers elle, au lieu de jaillir de ses mains en gerbes lumineuses. — Quelque sévère qu'apparaisse la décision précitée, elle ne fait que reproduire, quant à l'esprit, les défenses formulées par le Concile de Trente, sess. 25, *in decreto de inv. sanctorum*. Voici ses paroles : « Le Saint Concile décrète que nul ne pourra exposer une image *insolite*, à moins que l'évêque ne l'ait approuvée. » Or, l'enquête ordonnée par Mgr de Quélen, alors archevêque de Paris, ne fut suivie d'aucune sentence juridique.

Du reste, le mieux est de s'en tenir aujourd'hui au type de la gravure de Pie IX. Distribuée aux évêques, qui représentaient à Rome l'univers catholique, pour la mémorable cérémonie du 8 décembre 1854, elle vient d'une origine trop vénérable pour être remplacée par d'autres. Et puis, ce type nous rappelle le plus grand évènement religieux du XIXe siècle : une définition dogmatique, accueillie par toute la chrétienté avec une soumission égale à sa joie. Il ne serait donc pas hors de propos qu'il en portât le caractère immuable. Enfin, ce type réunit toutes les qualités que doit avoir l'image *symbolique* de l'Immaculée Conception. Il est facile de l'établir au moyen d'une courte description graphique :

L'auguste Vierge, avons-nous déjà dit, est modestement voilée ; son manteau n'est que le prolongement du voile qui revêt plus d'ampleur à sa descente des épaules. Elle a les yeux baissés, dans l'attitude du recueillement, et sa tête, légèrement inclinée à droite, est ceinte d'une couronne de douze étoiles, parce que Marie est la reine immaculée *(Regina sine labe concepta)* des deux alliances, figurées par les douze tribus d'Israël et les Apôtres.

Ses mains, jointes devant la poitrine, semblent attirer la grâce dans son cœur, à l'aide d'une prière fervente, ou l'empêcher, précieux arome, de s'évaporer de ce vase d'or.

Quoique debout, sur la demi-sphère traditionnelle, la Vierge paraît être tout absorbée en Dieu. — Du pied droit que chausse une sandale, d'après l'usage des premiers siècles chrétiens et les règles de l'art au moyen-âge, elle écrase la tête du serpent. Nous reviendrons sur ce symbole. Le pied gauche est dissimulé sous les plis nombreux d'une tunique flottante. Enfin, le buste de Marie est tout environné des rayons du *Soleil de justice*, car ce n'est qu'aux mérites de son Fils qu'elle doit sa beauté intérieure ; et le croissant des nuits se déploie sur un second plan inférieur, parce que la mère du Christ n'a *jamais* subi une seule de ces transitions du péché à la grâce, assez comparables aux phases lunaires. Le reste de l'espace est dans les ténèbres que figurent des nuages.

On le voit : cette image est toute biblique. Elle emprunte ses traits les plus éclatants à l'Époux des SS. Cantiques, VI, 9, et à l'Apocalypse, XII, 1. Pour prévenir une difficulté, nous ajoutons que tout ce qui s'applique à l'Église dans son état de glorification, se dit également bien de la Vierge immaculée.

Mais le serpent qui fascina les regards d'Ève, doit arrêter les nôtres plus longtemps. Au lieu de tenir la pomme fatale dans sa bouche perfide, c'est sa queue qu'il mord, comme s'il était au paroxysme de la rage. Cette innovation heureuse de la gravure de Pie IX, n'est pas ordinairement imitée par les artistes. Il nous semble que c'est à tort. En effet, grand nombre d'archéologues et de peintres sont d'avis que l'Immaculée Conception ne soit jamais symbolisée sans quelque signe de la maternité divine, parce que le premier de ces mystères n'a sa raison d'être que dans le second. Ils vont même jusqu'à les fusionner, en voulant que la Vierge immaculée porte l'Enfant Jésus dans ses bras. On peut voir leur opinion formulée dans la Revue de l'art chrétien, 1857.

Nous ne la partageons pas ; outre qu'il ne faudrait pas confondre ces deux mystères, il importe de se rappeler qu'un bon vitrail n'est qu'une bonne traduction ; qu'il ne doit représenter que tel ou tel sujet *spécial*, et que, par conséquent, un icone ne peut être semi-symbolique et semi-historique. Or, comme le type de la définition de foi du 8 décembre 1854, est exclusivement symbolique, il serait insolite de lui imprimer un autre cachet. Et d'ailleurs, nous n'y voyons pas d'utilité. La tête du serpent écrasée par le pied virginal de Marie, est le meilleur symbole de la maternité divine. Car enfin qu'annonce-t-il, sinon une grande victoire remportée sur le démon, dont le règne va être détruit par le Christ? Mais le Christ est fils de Marie, qu'il daigne associer à la gloire de notre salut ; et dès-lors qu'en sa qualité de co-rédemptrice, la Vierge immaculée brise la puissance du dragon, par la vertu du fils qu'elle portera dans ses flancs, ce ne peut être sans relation à sa divine maternité.

M. Villiet s'est rapproché du type donné par Pie IX, sauf le symbole du serpent et celui de la couronne d'étoiles qui est remplacée par le nimbe.

Comme la fenêtre centrale est divisée en quatre compartiments, il a placé, dans les deux extérieurs, un groupe nombreux de saints personnages et d'illustres docteurs qui semblent acclamer le privilège originel de Marie. Dans le lobe intermédiaire à gauche, un brillant archange déroule un phylactère, sur lequel on lit : *Maria sine labe concepta*. Au dessous de la Vierge et de l'ange, les justes de l'ancienne loi, résumés par S. Joachim et Sainte Anne, puis Jean-Baptiste, le dernier de ses prophètes, et Saint Joseph, le premier patriarche de la loi d'amour, s'unissent aux acclamations de l'Église universelle, qui est en quelque sorte là sous nos yeux.

Mais le Ciel lui-même veut s'associer à cette splendide glorification. Il s'ouvre au-dessus de la tête de Marie, et voici deux autres anges qui chantent le mystère nouveau sur la harpe et la cithare. Enfin, dans le tympan supérieur de l'ogive, la Sainte Trinité se rend visiblement présente : Dieu le Père, sous les traits d'un vénérable Pontife qui protège l'auguste Vierge ; Dieu le fils lui montrant sa croix, en vertu de laquelle le péché d'origine ne l'a point souillée ; enfin, Dieu le Saint-Esprit, sous la forme d'une colombe, qui répand sur elle, dès sa Conception, l'abondance de ses grâces.

On dirait que cet accessoire, ou, si l'on préfère, ce complément, n'est que la reproduction de celui décrit dans l'iconographie, déjà citée, de Mgr de Malines

Nous nous expliquons, dans la belle composition de M. Villiet, tous les sujets qu'il a disposés autour de son Immaculée Conception, au point de vue d'une glorification de ce mystère. Mais à l'image symbolique, il ajoute alors une foule de détails historiques, et même il anticipe sur les évènements, à moins que le peintre-verrier ne puisse revendiquer le privilège des prophètes. Toutefois, n'oublions pas les axiomes de l'art que nous rappelions il n'y a qu'un instant.

Pour les mêmes raisons, nous ne voudrions pas qu'on choisît pour type du mystère les Conceptions de Murillo, non-seulement parce que sa Vierge est dévoilée, mais encore parce qu'on dirait à son attitude, soulevée d'ailleurs qu'elle est par des groupes d'anges, qu'elle va prendre son essor vers les cieux, et qu'on pourrait ainsi la confondre avec une Assomption. La nuance n'est pas assez tranchée. Et si l'on nous objecte ici la différence d'âge, nous répondrons que les corps glorieux seront, d'après l'opinion commune, dans l'âge de cette jeunesse florissante où Dieu créa Adam et Eve.

Une dernière et très-importante remarque pour clore ce paragraphe.

Les peintres-verriers, qui représentent la Vierge immaculée, lui donnent généralement une tunique violette, comme à la chapelle des Sœurs de la Conception, ou carminée comme à la chapelle Saint-Jacques. On sait pourtant que *ses couleurs,* surtout dans ce mystère, sont le blanc et le bleu, double reflet de sa pureté céleste. Pour mieux comprendre, sur ce point, l'esthétique de l'art, il faut bien se rendre compte du privilège de Marie. Le péché originel donne la mort à l'âme, en lui transmettant la souillure de la première désobéissance, à la place de l'état d'innocence où Dieu créa l'homme. Or l'âme de Marie ne connut jamais ni cette souillure, ni cette mort spirituelle ; au contraire, toujours la grâce, toujours la vie fut son partage ; mais l'une et l'autre sont symbolisées par le blanc : *in albis sedens angelus.* Donc l'artiste doit s'arranger de manière à vêtir la Vierge de la seule parure qu'elle eût avant de naître : la grâce sanctifiante, traduite aux yeux par une tunique blanche.

Mais, dira-t-on, c'est une couleur trop plate dans un vitrail. Elle est d'un effet presque terne, par exemple, dans le vitrail de l'Immaculée Conception, à Notre-Dame, derrière le buffet d'orgues. — C'est vrai ; mais il est si facile d'obvier à cet inconvénient ! — D'abord, reproduisez le type sanctionné par Pie IX, et, conformément à sa gravure, drapez largement la Vierge dans son manteau bleu d'azur, au lieu de l'en couvrir à peine, comme à Notre-Dame : il ne vous restera que peu de blanc ; et puis, ne pouvez-vous nacrer ce blanc, ou le parsemer de fleurs d'or (*analecta, ubi suprà*), ou enfin lui donner une nuance d'opale ? Votre *Vierge* serait alors *in vestitu deaurato, circumdata varietate*; c'est-à-dire que toute la gloire de son âme immaculée rejaillirait, à l'extérieur, en reflets lumineux. — Citons une dernière autorité :

« En parsemant, dit Mgr. Malou, la robe blanche et le manteau bleu, de fleurs d'or, pour rappeler l'abondance des dons célestes dont la bienheureuse Vierge a été comblée, on n'altère sous aucun rapport la signification des couleurs symboliques, mais on la complète.

« Il résulte des observations qui précèdent que les habits rouges, jaunes, verts, etc., dépareraient une représentation de l'Immaculée Conception de la Sainte Vierge, et, par conséquent, ne doivent jamais y figurer. »

III.

Les *conséquences historiques* du grand privilège de Marie couronnent, avons-nous dit, la composition de M. Villiet, au sanctuaire de la chapelle Saint-Jacques, dont le troisième vitrail est rempli par les neuf médaillons que voici :

1. Présentation de la Vierge au temple ; 2. l'Arbre de Jessé ; 3. Mariage de la Sainte-Vierge avec Saint Joseph ;

4. L'Annonciation ; 5. La Nativité de Notre-Seigneur ; 6. Marie porte l'Enfant Jésus au Temple de Jérusalem ;

7. Les Mages ; 8. Marie présente son jeune Fils à leurs adorations ; 9. Fuite en Égypte.

Les sujets des médaillons 1 et 3 sont légendaires ; le second est symbolique ; les six derniers sont évangéliques et retracent les premières scènes de la *maternité divine*, unique terme de l'Immaculée-Conception.

Le tympan de cette fenêtre est également décoré de fleurs, de phylactères et d'emblèmes relatifs aux litanies de la Vierge ; il nous offre, en outre, dans les rameaux supérieurs de l'arbre de Jessé, les principaux ancêtres du Messie, par exemple, David, Salomon, etc.

Nous ne ferons pas ici la description graphique de chacun des neuf médaillons : ce serait donner à notre cadre plus d'extension qu'il ne comporte ; mais dans le cas où cet humble Essai ne serait pas jugé trop indigne de ses lecteurs, nous le compléterions par l'iconographie *locale* des autres mystères de la Sainte-Vierge.

Quant au placement des sujets de ce vitrail, nous avons déjà formulé notre opinion, et l'on nous permettra d'ajouter, à l'appui, le nouveau témoignage d'une autorité compétente : « Il est assez reconnu, disent les PP. Martin et Cahier, *Vitraux de Bourges, page* 55, que la droite est considérée comme le côté d'honneur, le rang de préférence. Ce qu'il importe de remarquer davantage, c'est qu'aujourd'hui encore l'Église répète chaque jour, dans sa liturgie, ce même cérémonial que constatent *nos peintures du XIIIe siècle.* Presque tous les vieux liturgistes de quelque portée s'accordent à voir, dans les mouvements du prêtre à l'autel, *la gauche du crucifix donnée à l'ancienne Loi, et la droite, à la nouvelle.* »

Il faut dire aussi que jusqu'au XIe siècle, on s'est orienté, à l'église, tantôt sur le crucifix, tantôt sur le célébrant. Ainsi le Pape Innocent III *(de sacro Altaris mysterio)*, et quelques autres liturgistes, nous montrent le prêtre allant *à sa gauche* réciter l'Évangile. Mais il n'y a que les termes de changés : l'idée reste la même. Innocent III dit formellement que le côté de l'Épître représente les Juifs ou l'ancienne alliance, et celui de l'Évangile, les nations ou les Gentils. Cependant, Saint Pierre Damien avait déjà proposé de s'orienter toujours sur le crucifix, pour éviter une contradiction apparente entre le langage et les mouvements liturgiques.

Je sais qu'il y a des églises où le prêtre fait face au peuple en célébrant les divins mystères. Mais la règle générale est que le prêtre soit tourné vers l'orient. On ne peut établir de principes d'art ou de symbolisme pour les exceptions.

Du reste, dans tous les vitraux du moyen-âge où le crucifiement est reproduit, on verra constamment à droite du Christ la loi de grâce, sous la figure de l'Église ou de Marie ; et, à gauche, la loi judaïque, sous le type de la synagogue ou de Saint Jean. *(Vitraux de Bourges, loc. cit.* où l'on trouvera les textes *de Saint Isidore, Saint Grégoire-le-Grand, Rupert, etc).*

Il est vrai que M. Villiet semble unir l'ancien et le nouveau Testament, au moyen de l'arbre de Jessé, qui prend naissance entre *la Présentation* et *le Mariage* de la Sainte-Vierge ; mais, par cela même, ce n'était pas le lieu. Pour s'en convaincre, on n'a qu'à se rendre compte de ce symbole très-commun au moyen-âge, et dont les vitraux de Chartres (en feuilles, à la bibliothèque de la ville), nous offrent un magnifique *spécimen*. C'est la synthèse iconographique de cette prophétie : « Un rejeton, couronné de sa fleur, surgira de la racine de Jessé. » — Personne n'ignore que Jessé ou Isaï fut père du saint roi David, dont le nom ouvre ainsi le nouveau Testament : « Livre de la généalogie de Jésus-Christ, fils de David, etc. » Or, d'après l'allégorie précitée, on représente Jessé couché à terre et endormi, pendant que de sa poitrine s'élève un arbre généalogique des ancêtres du Messie. Les principaux d'entre eux reposent en buste sur les rameaux qui leur servent d'encadrement ; au sommet, la Sainte-Vierge et son Fils, la rose mystique et le lis des vallées, s'épanouissent comme la fleur promise au rejeton de Jessé.

Un pareil sujet, disions-nous, se traite mieux à part et en dehors des faits évangéliques, comme notre éminent artiste l'a si heureusement exécuté à Saint-Seurin, dans la chapelle de la Vierge. (Nous renvoyons à l'excellente notice que M. l'abbé Nolibois a publiée sur les vitraux de *N.-D. des Roses*.)

Après avoir donné un aperçu de la belle composition de M. Villiet, page d'art si remarquable malgré des imperfections dont nulle œuvre humaine n'est exempte, nous exprimerons un désir bien partagé, sans aucun doute, par les RR. PP. de la Miséricorde : c'est de voir les deux premières fenêtres du sanctuaire compléter le monument qu'ils ont élevé, dans nos murs, à la gloire de l'Immaculée Conception. Leur intention, à cet égard, nous semble ressortir de la définition doctrinale qu'on lit avec tant de bonheur autour de l'abside, car le commencement et la fin de cette légende attendent leurs tableaux corrélatifs.

Nous aurions encore deux ou trois vitraux à examiner. Nous le ferons en quelques mots. Et d'abord celui des Sœurs de la Conception, par M. L., dont il a déjà été question dans le précédent paragraphe. Voici une idée sommaire de son travail : Vierge *dévoilée* et revêtue d'une tunique *violette*, bien que cette couleur soit, en liturgie, celle de *la pénitence*; mains arrêtées devant la poitrine, conformément au type de la gravure pontificale ; auréole elliptique d'un goût et d'un effet douteux, sauf meilleur avis ; absence d'emblèmes et d'accessoires se rapportant à l'Immaculée-Conception ; attitude recueillie et comme absorbée dans les communications de l'âme avec Dieu... Mais nous rappellerons de nouveau la maxime de Saint Paul : « Toute femme qui ne prie pas, la tête couverte, déshonore son chef. » Les jeunes personnes surtout doivent toujours trouver, dans les images de la Vierge, le plus parfait idéal de la modestie dans le lieu saint, et ne pas se croire autorisées à y porter plus tard une de ces mises qui sentent le boudoir ou le salon.

Nous ferions la même remarque pour une autre chapelle de communauté de Bordeaux, si notre cadre embrassait la peinture *sur toile*. — Du reste, nous ne suggérons pas de voiler la Vierge à la façon orientale : ni les traditions apostoliques, ni celles de l'art au moyen-âge n'ont songé à rien de ce genre. La gravure de Pie IX nous montre, au contraire, à découvert le visage divinement beau de l'aimable Vierge, et même, au-dessus du front, un étroit bandeau de cette chevelure qui ravissait l'Époux des saints Cantiques. Il est facile de se figurer l'endroit où le voile prend naissance, et l'on voit que ce type concilie à la fois les exigences de la modestie avec celles de l'art chrétien.

En résumant nos appréciations touchant l'œuvre de M. L., nous dirons : Comme *idée*, c'est incomplet, et son pinceau a moins représenté une Immaculée Conception qu'une Sainte-Vierge quelconque, s'il est permis de s'exprimer ainsi ; comme *exécution*, ce vitrail conviendrait peut-être mieux à une église de campagne où l'on aime les couleurs fortement accentuées.

Peut-être aussi n'a-t-on demandé rien de plus à l'artiste ; dans ce cas, notre critique perdrait beaucoup de sa portée ; mais nous avons raisonné dans l'hypothèse *probable* où l'on devait peindre l'auguste titulaire de la chapelle et de la maison.

Nous regrettons d'autant plus le cachet un peu mesquin de l'œuvre de M. L., que les cinq fenêtres absidales de cette chapelle, disposées comme à Saint-Jacques, ouvraient la voie à une composition plus grandiose. Nous sommes ambitieux quand il s'agit du privilège originel de Marie, parce que c'est le seul de tout le Christianisme ; et si nous n'avons pas compris qu'il y a parfois une limite infranchissable dans les sacrifices pécuniaires, du moins nous semble-t-il qu'on aurait pu réaliser ailleurs des économies et les réserver pour un travail plus complet. l faudrait le moins possible remplir une verrière par des mosaïques : ceci n'est qu'une simple décoration, tandis que le but du vitrail est une exposition permanente des grands faits de la religion.

Quant au sujet de l'Immaculée Conception qui se cache presque derrière le buffet d'orgues, à Notre-Dame, nous laissons à nos lecteurs la tâche d'en porter un jugement, à l'aide des principes que nous avons énoncés. Il sera facile de constater si c'est à tort ou à raison que nous mettons ce vitrail en troisième et dernière ligne. Mais nous ajoutons que M. H. n'a pas été maître du choix de ses nuances et qu'ainsi l'on doit lui faire grâce du coloris. Du reste, il y a de l'avenir chez tous les hommes de cœur, et l'espérance d'un meilleur succès peut rayonner à travers les plus humbles vitraux, pourvu que leurs auteurs n'échangent pas le pinceau de l'artiste contre la brosse de l'ouvrier, ni les inspirations du ciel contre celles de la terre.

En général, on ne se nourrit point assez, non-seulement des traditions de l'art chrétien, mais encore de la foi du moyen-âge. Nos peintres-verriers devraient tous être (car plusieurs le sont et Dieu les *fait croître et multiplier* dans leurs œuvres), des Bénédictins par la science ; des Fra-Giovanni et des Overbeck, par la piété. Cette vertu valut à l'illustre peintre de Fiesole le surnom d'Angelico. La science leur donnera la clé du *symbolisme* qui s'adresse plus particulièrement à l'esprit ; mais la piété leur ouvrira les sources du *mysticisme* qui va plus droit au cœur. De la réunion de ces deux éléments jaillira l'idée vraiment inspiratrice, et, par suite, la réalisation du beau idéal dans nos vitraux religieux.

C'est là le grand secret de leur triomphe, du XIIe au XVe siècle. M. Thévenot, de Clermont, a écrit dans un *Essai historique* sur la matière : « Le début de cet art en France fut un coup de maître, et le premier artiste qui peignit et disposa un vitrail comme ceux des XIIe et XIIIe siècle obtint un effet de décoration tellement prodigieux, qu'il n'a pu être surpassé depuis. »

Ce que M. Thévenot se borne à dire des effets de lumière, nous l'affirmons aussi de *l'esthétique* ou de l'idée moralisatrice. Toutefois, nous avouons que le dessin n'était pas irréprochable. Nous avons gagné sous ce rapport : les traits sont plus corrects, il y a plus d'ampleur dans les draperies et de grâce dans les contours.

Or, ce progrès doit s'ajouter à l'héritage de nos pères. C'est ainsi que nous ferons dignement revivre le moyen-âge dans ce qu'il avait de beau et de grandiose. Alors, dit le card. Wiseman, « la peinture, ressuscitée par la religion, sous l'influence du Christianisme, reçut d'elle ses pensées et ses sentiments ; elle devint réellement un art céleste, sanctifiant à la fois ceux qui s'y livraient et ceux devant qui elle étalait ses œuvres. Angelico de Fiesole ne se mettait jamais à l'ouvrage sans avoir demandé avec ferveur l'inspiration d'en haut. Lippo Dalmasio est le plus remarquable exemple de ce profond sentiment religieux apporté dans l'art. Par dévotion, il ne voulut peindre que des Madones ; mais il jeûnait la veille et communiait le matin, pour aborder son œuvre avec plus de pureté de cœur. Et le Guide affirme que nul autre n'a pu égaler le caractère céleste de ses figures... » *(Conférences sur la semaine sainte)*.

Il ne faudrait pas croire que cette citation fût étrangère à notre sujet ; elle s'y rattache, au contraire, d'une manière très-intime.

IV.

Nous avons dit, dans le 1er paragraphe, que l'Immaculée-Conception est un mystère symbolique, historique et légendaire, si on le considère dans ses rapports avec l'art chrétien. Cette division, dont nous assumons la responsabilité, nous paraît être la plus logique et la plus rationnelle.

La représentation symbolique n'est autre que le type de la gravure pontificale, en y ajoutant les emblèmes qui le complètent.

La représentation historique est ainsi nommée d'une façon impropre, car elle ne saurait affecter le mystère en lui-même, mais seulement *ses antécédents* et ses *conséquences*, résumés par les faits sacrés.

Enfin, l'icone *légendaire* retrace aux yeux la rencontre de Joachim et de Sainte Anne, à la porte dorée de Jérusalem.

Avant d'expliquer le sens de cet icone, que M. Villiet a reproduit dans la première fenêtre à gauche de la chapelle du Mont-Carmel, nous avons à dire quelle est la valeur, en général, des Légendes dans les vitraux.

On désigne par le mot *légende* le récit des anciennes vies de saints ; alors, c'est un terme d'hagiographie. Dans une signification plus restreinte, la légende est un terme d'art numismatique, employé pour désigner l'inscription d'une médaille. On le confond avec l'exergue ; mais parfois on l'étend à une statue, à un monument, comme nous l'avons vu au sanctuaire de la chapelle Saint-Jacques.

En ne nous plaçant qu'au point de vue hagiographique, la légende est liturgique ou populaire. Dans le premier cas, elle comprend les *leçons* du Bréviaire romain qui donnent en abrégé la vie des saints dont l'Église fait l'office ; dans le second, toutes les autres traditions relatives à ces vies et qui ont eu plus ou moins cours parmi les peuples. Or, il y en a qui remontent aux premiers siècles de l'Église, comme on le voit par la nomenclature insérée dans le Dictionnaire des Légendes. *(Édit. Migne*, 1855*)*.

Et maintenant, quelle est leur valeur historique ? C'est une question très-intéressante dans l'examen des vitraux, parce que beaucoup d'entre eux représentent des *faits légendaires*. Il faut donc savoir si les peintres verriers du moyen-âge, et les héritiers de leur mission artistique, n'ont offert aux fidèles que des faits apocryphes ou très-douteux ? Par exemple, dans ses médaillons de la chapelle Saint-Jacques, M. Villiet a représenté les Supplications d'Adam et d'Ève, la Présentation de la Vierge et son mariage avec Saint Joseph, qui sont autant de faits légendaires, c'est-à-dire non compris textuellement dans la sainte Bible. Son Ém. le Card. Donnet établit cette distinction : (*Lettre à M. Villiet sur les vitraux de la chapelle du Mont-Carmel*).

Pour résoudre la question posée, nous citerons les autorités les plus compétentes. Et d'abord, M. l'abbé Godard, dans son grand cours d'archéologie :

« Toutes les légendes du Bréviaire romain ont droit à un respect religieux, et il serait téméraire d'en traiter aucune comme une fable. Outre la sanction ecclésiastique, elles ont encore pour appui l'autorité de la science qui s'est exprimée par la bouche des Baronius et des Benoît XIV. — *Quant aux autres*, nous croyons qu'une saine étude réformerait à leur égard bien des jugements que l'orgueil d'une raison, prétendue philosophique, a prématurément portés. Le mot légende n'est donc pas synonyme de fable, ni même de récit douteux, et s'il a l'une ou l'autre de ces significations, c'est dans des cas exceptionnels. »

Un de nos concitoyens, M. Gustave Brunet, auteur de la traduction moderne de la *Légende dorée*, nous dit, dans sa Préface, qu'il ne serait pas difficile d'indiquer la source où sont puisés les faits légendaires que Jacques de Voragine (1230-1298) a pris soin de nous conserver.

M. le comte de Douhet a écrit, dans son Dictionnaire des Légendes : « En dehors de l'exacte vérité des faits, il est une vérité non moins importante, qui est celle des sentiments ; et si les légendes populaires n'expriment pas toujours la première, elles donnent au moins l'exacte mesure de la seconde. »

« Nous avouerons ingénument, dit à son tour le savant auteur des *Vitraux de Bourges*, qu'en général nous croyons au poids de cette preuve dont Platon se contente si fréquemment : *Tel est le dire de nos ancêtres, et je m'en repose sur leur témoignage.* »

Et ailleurs : « Je voudrais bien savoir où un homme puise cette intrépide confiance en lui-même qui lui fait tout rejeter, tant qu'il n'a pas prononcé lui-même ? — Il faut nous résigner à partager la droiture d'esprit et de cœur avec nos devanciers, ou craindre de nous faire illusion sur cet étrange monopole que nous voudrions nous attribuer...

« Il est, même en histoire, des questions où le sentiment doit être admis en témoignage, car il peut produire, sinon la certitude, du moins une probabilité grave. — Ainsi, nous n'estimons pas seulement les Légendes comme monuments de poésie naïve, mais comme documents historiques d'une valeur importante. — Bon nombre d'esprits solides, persuadés que la tradition légendaire deviendra infailliblement de l'histoire, hâtent de leurs efforts, aussi bien que de leurs vœux, l'instant où doit être réhabilitée la pieuse crédulité des ancêtres. — Ce que l'on prend pour des erreurs, dans les légendes, ne sont souvent que des difficultés, et l'extraordinaire ou le merveilleux n'est point par lui-même un motif d'exclusion.

« Le comte de Maistre a dit quelque part : « Chez toutes les « nations du monde, on a aimé à donner à l'instruction une forme « dramatique, parce qu'en effet il n'y a pas de moyen plus puis- « sant pour la rendre pénétrante et ineffaçable. On a donc fait par- « tout des légendes, c'est-à-dire des histoires à lire pour l'ins- « truction commune. — J'éprouve un chagrin profond, lorsque je « vois des hommes, d'ailleurs si estimables, déplorablement en « garde contre les traditions les plus vénérables ; mais ils revien- « dront ces beaux jours où toute science remontait à sa source. »

« Faudra-t-il donc tout admettre dans les légendes ? Je ne dis point cela ; je dis qu'il faut commencer par les comprendre ; après quoi il sera temps, mais seulement alors, de songer à introduire la critique, sans parti pris d'avance...

« Si nous avons donné place à ces considérations dont la portée pourrait sembler à quelqu'un fort exagérée, c'est que trop souvent la critique des légendes a été tournée en critique de l'Église. De quel droit et avec quelle bonne foi ? C'est une autre affaire. »

Après avoir cité ces autorités de première main, nous exposerons brièvement le fait légendaire de l'Immaculée Conception tel qu'on le trouve dans un monument du XVe siècle, s'appuyant lui-même sur les récits attribués à Saint Jacques le Mineur, et reproduits par Saint Epiphane (IVe siècle). Nous conservons le style naïf de cette légende :

« Joachim étoit simple homme et aimoit Dieu ; humblement le ser-
« voit et honoroit. Quand il fut en l'âge de vingt ans, il prit à femme
« Saint Anne, et quant il eut demeuré avec elle vingt ans, ils
« firent vœu à Dieu que s'ils avoient aucun enfant, ils le met-
« troient au temple.

« Adonc Joachim et Sainte Anne avoient coutume de visiter le
« saint temple de Salomon, aux trois principales fêtes (Pâques, Pen-
« tecôte, les Tabernacles). Or, advint une fois que Joachim avec ses
« parents et amis allèrent à Hiérusalem, et le prêtre de la Loi lui fit
« grande honte et vergogne devant tout le peuple (à cause de la
« stérilité de Sainte Anne). Adonc Joachim se partit du temple tout
« honteux et n'osa retourner en sa maison, mais s'en alla aux mon-
« tagnes sans dire mot à personne du monde.

« Quand Sainte Anne ne trouva pas son mari, elle pria Dieu, et
« se prit à pleurer, et disoit : Sire Dieu, que ne m'avez-vous
« donné fils ou fille ? Je vous les eusse offerts au temple. — Et
« un ange lui dit : Ne t'ébahis pas, car tu concevras un enfant
« par le vouloir de Dieu. — Puis s'en alla.

« L'ange ensuite s'apparut à Joachim et lui dit : Sache pour
« certain que je me suis aujourd'hui apparu à ta femme, Anne, et
« l'ai trouvée en son jardin moult dolente, où elle étoit en oraison ;
« je l'ai confortée en sa tribulation. Sache qu'elle concevra une
« fille, et sera sainte sur toutes les autres femmes, et s'appel-
« lera Marie, et sera mère de Dieu, consacrée et remplie du
« Saint-Esprit. Or descends donc des montagnes et t'en re-
« tournes.

« Et l'ange vint derechef à Sainte Anne et lui dit : Anne, n'a-
« yez peur de rien, et vous en allez à la Porte Dorée, et là vous
« attendrez Joachim, votre mari, car il viendra bientôt. — Et
« quand sainte Anne y fut venue avec sa chambrière, elle re-
« garda loin devant elle et vit Joachim avec ses bergers, et l'at-
« tendit, car elle n'osoit passer le commandement que l'ange lui
« avoit fait.

« Incontinent que Joachim fut venu à Sainte Anne, elle l'em-
« brassa en rendant grâces à Dieu de ce qu'il étoit venu ; après

« quoi ils s'en allèrent en Nazareth, où fut conçue la benoîte
« Vierge Marie, ainsi qu'avoit dit l'ange. »

Ce tableau si naïf de mœurs patriarcales qui ne sont plus dans nos idées, a généralement fourni le sujet des icones de l'Immaculée Conception au moyen-âge. On sait combien le culte de sainte Anne y était en honneur, comme dérivation ou complément du culte de Marie ; car nos pieux ancêtres pouvaient-ils oublier sa glorieuse mère ? Et la meilleure manière d'honorer sainte Anne, n'était-ce pas de rattacher à son nom la Conception de la Vierge, qui fut la première des prérogatives de cette fille bien-aimée ? Il fallait donc également y rappeler le nom de Joachim. Et parce que les faits qui préparèrent le grand évènement du 8 décembre, an du monde 3986, ne sont que du domaine de la tradition légendaire, on ne peut y voir, avec certains archéologues, ni l'icone symbolique, ni l'image historique d'une Conception *immaculée*. Rien ne l'y indique explicitement. Tout au plus pourrait-on dire que l'apparition d'un ange aux vertueux époux, et leur rencontre à la Porte dorée, sont le *symbole* d'une Conception surnaturelle.

Aussi la représentation légendaire de ce mystère est-elle généralement abandonnée depuis trois siècles, d'abord comme incomplète, et puis, comme susceptible de blesser la délicatesse moderne.

Il nous semble que c'est à tort, et qu'on peut très-bien représenter la légende de Joachim ou de sainte Anne en prière, avec l'apparition de l'ange qui leur annonce la Vierge par excellence, — mais à la condition de ne point traiter ce sujet isolément, et de le rattacher, comme M. Villiet l'a fait à Saint-André (chapelle du Mont-Carmel), à l'image symbolique de l'Immaculée Conception.

Mais convient il de joindre à cet icone légendaire celui de la rencontre des saints époux et du chaste baiser qu'ils se donnent en échangeant les communications de leur bonheur ? — La plus grave autorité de notre époque, en fait d'iconographie de ce mystère, — nous désignons Mgr Malou, évêque de Bruges, — résoud la question négativement. Toutefois, nous ne saurions blâmer M. Villiet de l'avoir osé à la Primatiale.

Jusqu'ici nous avons considéré le privilège originel de Marie comme une page de symbolisme et d'histoire biblique ou légendaire, dans ses rapports avec l'iconographie. Mais ne pourrait-on, au même point de vue, l'envisager comme un poème qui aurait son prologue, son thème principal et son épilogue, et qui se déroulerait dans une suite de vitraux étincelants ? C'est là ce que nous appellerions la poésie de l'art; et qu'est-ce que la poésie, sinon la vérité — et surtout la vérité religieuse — en habits de fête. Il serait donc à désirer qu'une verrière nous fît entrer profondément au cœur toute la beauté de nos saints mystères. Aussi le cardinal Donnet réprouve-t-il « cette fantaisie coupable qui, trop souvent, dans les peintures religieuses, remplace la tradition, et qui réunit, dans une église, des scènes isolées, sans aucun lien. »

Pour nous, si nous avions à tracer l'ordonnance d'un poème illustré de l'Immaculée Conception, dans les pages à jour d'une verrière absidale, voici comment nous le disposerions :

A gauche du crucifix de l'autel : la chute originelle ; puis, la promesse d'une nouvelle Eve, c'est-à-dire l'espérance du pardon, rapprochée de la faute commise par la première femme ; enfin les figures bibliques de la Sainte Vierge, mais en se bornant exclusivement à celles qui se rapportent à l'Immaculée Conception. Mgr Malou met de ce nombre : L'arc-en-ciel brillant au milieu des nuages et au-dessus de l'arche antique, seule sauvée des flots du déluge; l'arche d'Alliance, faite d'un bois incorruptible; la Cité de Dieu dont les fondements sont assis sur la montagne sainte; et le lis entre les épines. Nous ajouterions la Toison de Gédéon, seule imprégnée de la rosée du ciel; le nouveau jardin de délices, fermé au vieux serpent, et la fontaine scellée, ou toujours très-pure, des Cantiques sacrés; la petite nuée que vit le prophète Elie s'élever du sein de la mer, et la jeune Esther, seule exemptée de la loi de mort portée par Assuérus. Tels seraient les antécédents historiques et les figures du grand privilège de Marie, ou le prologue du poème qui va continuer à se dérouler sous nos yeux.

Au centre de la verrière, l'immaculée Vierge elle-même, d'après le type de la gravure pontificale. Mais c'est ici que l'artiste devrait s'inspirer encore plus de sa foi que de la théologie, et tremper ses pinceaux dans des rayons. Sa piété, largement illuminée d'en haut, lui dévoilerait les charmes indéfinissables de la Vierge, et la transparence de ces attraits divins naîtrait alors sous une touche savante dont son amour trouverait le secret. — Au bas de l'image symbolique, la légende de Joachim et de sainte Anne. — Au sommet du vitrail, la seule personne de la Trinité que l'on puisse raisonnablement représenter; c'est le Père, proté geant Marie, « parce que, dit Mgr Malou, la création lui est attribuée, et que c'est au moment de sa création que la sainte Vierge a reçu la grâce de sa Conception immaculée, avec les dons qui en découlent. Cette circonstance que Marie a été créée dans l'état de grâce originelle, comme Adam et comme Ève, est non-seulement dominante dans le mystère, mais elle en est le fond et la substance. Il faut donc que l'Ancien des jours apparaisse répandant sur sa créature de prédilection la grâce sanctifiante, qui devient ici propre au Père. »

A droite de l'autel, les premiers faits évangéliques ou les conséquences immédiates du mystère; puis, comme épilogue de tout le poème, les principaux docteurs de l'Église qui ont témoigné en faveur de cette croyance; enfin la définition dogmatique par Pie IX tourné vers la fenêtre centrale, et parlant *ex cathedrâ*. Le peintre trouvera les détails de cette splendide cérémonie dans une petite brochure, — *le triomphe de Marie*, — imprimée à Tournai, chez Casterman. — Il serait bon de relier ensemble toutes les baies de la verrière par l'inscription de la Bulle pontificale qui se lit à Saint-Jacques : *Auctoritate, etc.*

Sans prétendre imposer nos idées à personne, il nous semble qu'une verrière, ainsi disposée, serait d'un effet grandiose et répondrait dignement à la haute idée que nous devons avoir de ce mystère. Du reste, si l'on avait moins de fenêtres à y consacrer, on supprimerait les sujets les moins importants de notre thème; et si l'on était réduit à un seul vitrail, nous conseillerions de reproduire en trois médaillons, au bas de l'icone symbolique : 1° la chute originelle et la promesse d'une co-rédemptrice; 2° la première légende de Joachim et d'Anne ; 3° l'Annonciation ou la Nativité de Notre-Seigneur. On aurait ainsi, en résumé, les trois éléments du privilège de Marie dans ses rapports avec l'art chrétien.

Quant à la représentation de Dieu le Père, au sommet de la fenêtre, nous la laisserions *ad libitum;* mais, dans toute hypothèse, il serait convenable de rappeler que nos hommages à la Vierge sans tache ne se terminent pas à elle, comme à leur centre, et que si son immaculée Conception nous est chère, c'est surtout à cause de la gloire qui en revient à Dieu et à son Fils. Aussi voudrions-nous qu'on pût lire sur deux phylactères, tenus par des anges dans le plan supérieur, d'un côté : *Gloria in excelsis Deo ;* — de l'autre : *Talis Mater decebat Filium.*

Nous voudrions enfin que la figure de la Vierge exprimât tant d'innocence et de candeur, de modestie et d'ingénuité, qu'on passât, en la regardant, de l'admiration pour l'œuvre à l'amour du modèle, et qu'on fût, au sortir du temple, comme un reflet vivant de la sainteté de Marie. Alors les pages déjà si brillantes de ces poëmes peints et chantés à la fois, s'embelliraient encore de la beauté de leur but, et le jour comme la nuit, elles raconteraient la plus grande merveille de Dieu.

En terminant, nous demandons grâce pour les imperfections d'un Essai où nous n'avions eu autre guide, dans un sujet aussi local, que le sentiment religieux : puisse-t-il nous avoir conduit au vrai !

Bordeaux. — Imprimerie de A.-R. CHAYNES, cours d'Aquitaine, 57.

www.ingramcontent.com/pod-product-compliance
Lightning Source LLC
Chambersburg PA
CBHW060723050426
42451CB00010B/1587